20 CITAS DE MATRIMONIO EXITOSO

Johny Einstein & Chatram Trivedi

Amazon

PREFACE

El matrimonio es uno de los eventos más significativos y trascendentales en la vida de dos personas. Es el comienzo de una nueva etapa, en la que juntos enfrentan los retos, disfrutan de las alegrías y se apoyan mutuamente en los momentos difíciles. Cada pareja tiene su propia historia de amor, única y especial, pero todas comparten el deseo de encontrar la felicidad, el equilibrio y el crecimiento en su vida juntos.

Este libro reúne una colección de citas sobre el matrimonio, pensadas para inspirar, reflexionar y celebrar la importancia de esta unión. Las citas provienen de diversas fuentes y culturas, pero todas ellas comparten un mensaje común: el amor, el compromiso y la dedicación son fundamentales para construir un matrimonio exitoso y duradero.

A lo largo de estas páginas, encontrarás pensamientos profundos, consejos sabios y palabras llenas de ternura que te ayudarán a comprender y apreciar la belleza del matrimonio. Estas citas te servirán como recordatorios de lo que significa estar casado y te inspirarán a seguir cultivando y fortaleciendo la relación con tu pareja.

Este libro está dedicado a todas las parejas que han decidido emprender juntas el viaje de la vida. Que estas citas de matrimonio iluminen tu camino, te llenen de amor y te recuerden que siempre hay algo nuevo que aprender y compartir en esta maravillosa aventura llamada matrimonio.

Con amor y respeto,
[Johny Einstein & Chatram Trivedi]

20 CITAS DE MATRIMONIO EXITOSO

"El amor verdadero en el matrimonio perdona y olvida,
conoce y acepta, sonríe y abraza."

(True love in marriage forgives and forgets, knows
and accepts, smiles and embraces.)

"El matrimonio es como un viaje en el que dos personas
recorren juntas el camino de la vida".

(Marriage is like a journey in which two people travel together along the path
of life.)

"Un matrimonio exitoso no es la unión de dos personas perfectas,
sino de dos corazones que se complementan."

(A successful marriage is not the union of two perfect people,
but of two hearts that complement each other.)

"El secreto de un matrimonio feliz es encontrar la felicidad en las pequeñas cosas."

(The secret to a happy marriage is finding happiness in the little things.)

“"El matrimonio es una promesa de amor eterno y un compromiso de lealtad y apoyo.”

(Marriage is a promise of eternal love and a commitment to loyalty and support.)

"En el matrimonio, cada día es una oportunidad para
amar, aprender y crecer juntos.".

(In marriage, every day is an opportunity to love, learn, and grow together.)

"El amor no se trata de cuánto dices 'te quiero', sino de cuánto demuestras que es verdad.".

(Love is not about how much you say 'I love you', but about how much you prove it's true.)

JOHNY EINSTEIN

""Un matrimonio exitoso requiere enamorarse muchas
veces, siempre de la misma persona."

(A successful marriage requires falling in love many times, always with the same person.)

"El matrimonio es un viaje de amor que comienza en la boda y no tiene fin."
(Marriage is a journey of love that begins at the wedding and has no end.)

"La base de un matrimonio feliz es la confianza, el respeto y la comunicación."
(The foundation of a happy marriage is trust, respect, and communication.)

"Un matrimonio fuerte es la suma de pequeños momentos llenos de amor y comprensión."

(A strong marriage is the sum of small moments filled with love and understanding.)

JOHNY EINSTEIN

"El éxito en el matrimonio no se mide por la cantidad de años, sino por la calidad de amor compartido."

(Success in marriage is not measured by the number of years, but by the quality of love shared.)

"El amor en el matrimonio es un refugio seguro en el que
ambos se protegen y se cuidan el uno al otro."

(Love in marriage is a safe haven in which both protect and care for each other.)

"El matrimonio no es un cuento de hadas, pero con amor, paciencia y esfuerzo, se puede vivir un final feliz."

(Marriage is not a fairy tale, but with love, patience, and effort, a happy ending can be achieved.)

“"El amor en el matrimonio no es encontrar a la persona perfecta, sino aprender a amar lo imperfecto.".

(Love in marriage is not finding the perfect person, but learning to love the imperfect.)

"El matrimonio es un pacto de amor que se renueva
cada día con pequeños gestos y detalles."

(Marriage is a covenant of love that is renewed every day with small gestures and details.)

"El verdadero amor en el matrimonio es la voluntad de
trabajar juntos para superar cualquier obstáculo."

(True love in marriage is the willingness to work together to overcome
any obstacle.)

"En el matrimonio, no se trata de encontrar a alguien con quien puedas vivir, sino de encontrar a alguien sin quien no puedas vivir."

(In marriage, it's not about finding someone you can live with, but finding someone you can't   live without.)

"El amor en el matrimonio es como el fuego: si no se alimenta, se apaga."

(Love in marriage is like fire: if not fueled, it goes out.)

"Un matrimonio exitoso se construye día a día con amor, compromiso y respeto mutuo."

(A successful marriage is built day by day with love, commitment, and mutual respect.)

ACKNOWLEDGEMENT

Reconocimientos

Me gustaría expresar mi más profundo agradecimiento a todas aquellas personas que han contribuido de alguna manera a la creación de este libro de citas de matrimonio.

En primer lugar, quiero agradecer a mi familia y amigos, quienes me han brindado su amor, apoyo y comprensión durante todo el proceso de escritura y compilación. Su presencia y palabras de aliento han sido fundamentales para llevar a cabo este proyecto.

También quiero expresar mi gratitud a los autores, poetas, filósofos y líderes espirituales cuyas palabras de sabiduría e inspiración han dado forma a este libro. Sus pensamientos y enseñanzas sobre el amor y el matrimonio nos invitan a reflexionar sobre la importancia de cultivar y mantener una relación sana y exitosa.

Un agradecimiento especial a mi editor y equipo de diseño gráfico, quienes han trabajado incansablemente para asegurar que este libro sea atractivo y fácil de leer. Su profesionalismo y dedicación han sido esenciales para dar vida a estas páginas.

Por último, pero no menos importante, quiero agradecer a todas las parejas que comparten sus vidas y sus historias de amor. Sus experiencias y testimonios son fuente de inspiración y nos recuerdan que el matrimonio es un viaje compartido de amor, compromiso y crecimiento.

Que este libro de citas de matrimonio sea un homenaje a todos ustedes y sirva como un recordatorio de la belleza y la importancia de amar y ser amado.

Con gratitud y amor,
Johny Einstein & Chatram Trivedi

www.ingramcontent.com/pod-product-compliance
Lightning Source LLC
Chambersburg PA
CBHW081958260726
48659CB00009BA/3060